ESSAI

SUR

LE VRAI SENS

DU MOT

LIBERTÉ,

APPLIQUÉ aux relations des hommes entre eux.

Celui qui se sert des mots sans leur donner un sens clair et déterminé, ne fait autre chose que se tromper lui-même et induire les autres en erreur.

LOCKE, *Essai sur l'entendement humain,*
LIVRE III, CHAP XI.

A PARIS,

CHEZ les principaux Libraires.

AN SEPTIÈME.

42
Lib 199

AVIS
PRÉLIMINAIRE.

CET opuscule a été composé dans le tems où les partisans de la terreur prétendaient nous conduire à la liberté, en nous donnant des habitudes serviles, et il se ressent peut-être un peu de l'humeur trop bien fondée que m'inspirait cette absurde tyrannie. Mais je puis protester, avec sincérité, contre toute autre application que l'on pourrait faire de quelques-unes de mes idées ou de mes expressions. Je suis ami de l'ordre comme de l'indépendance, et les agitateurs ne me paraisssent pas moins odieux que les tyrans : car les uns et les autres sont également les fléaux de la société. Je crois même que, hors ces tems de crise ou de grandes révolutions sont amenées par une disposition invincible des choses et des esprits, les hommes ont intérêt à être indulgens pour ceux qui les gouvernent, et qu'il vaut mieux supporter des abus tolérables, que de s'exposer aux horreurs de l'anarchie.

J'ajoûterai à cette profession de foi, une réflexion que je prie mes lecteurs de ne point perdre de vue, c'est que les résultats abstraits d'une discussion philosophique ne peuvent jamais s'appliquer avec une entière précision à la variété infinie des circonstances et des affaires. Tous les bons esprits doivent être convaincus qu'on ne gouverne point les états avec le seul secours des idées simples et des principes généraux. La marche irrégulière de nos passions met trop souvent en défaut les calculs de la prévoyance. Ce n'est donc pas aux hommes qu'il appartient d'établir des règles qui ne souffrent point d'exception. Les maximes générales auxquelles nous nous élevons par le raisonnement, se présentent à nous sous une forme absolue ; mais, au fonds, elles sont toujours relatives, c'est-à-dire, qu'elles se rapportent toujours à une certaine hypothèse, qu'elles supposent toujours un certain rapport entre le mode d'agir qu'elles prescrivent, et l'état de choses auquel il doit s'appliquer. Il suit delà qu'où ce rapport vient à manquer, l'application ne peut plus avoir lieu. On tombe alors dans ces cas extrêmes qui mettent l'homme sous le joug de la nécessité, et forcent à *voiler les statues des Dieux*. Mais ces cas extraordinaires que la sagesse des gouvernemens doit rendre rares, ne détruisent pas les principes qu'ils font violer, et cette violation même ne peut être excusable, qu'autant qu'elle a pour objet de rétablir l'empire des règles. Les spéculations abstraites des philosophes sur les rapports naturels des hommes et des choses, ne sont donc pas sans utilité, quoiqu'on ne s'y conforme pas toujours dans la pratique. Il en est à cet égard de l'art social, comme des arts de goût. Il y a dans celui-là, comme dans ceux-ci, un beau idéal auquel notre imperfection ne peut jamais atteindre, mais que ceux qui opèrent doivent avoir sans cesse devant les yeux, pour tâcher, au moins, d'en approcher.

Je ne publierais pas cet ouvrage informe, si je me sentais le courage et la capacité de le refaire. Mais, tel qu'il est, je crois qu'il peut servir à quelque chose, moins par les idées qu'il contient, que par celles qu'il fera naitre dans l'esprit des lecteurs portés à réfléchir. On sait que les jeux de deux enfans ignorans, ont conduit les philosophes à l'invention du télescope.

ESSAI

SUR

LE VRAI SENS

DU MOT

LIBERTÉ,

APPLIQUÉ aux relations des hommes entre eux.

QUAND on parle de liberté civile, de liberté politique, de liberté religieuse, etc., on exprime autant d'idées particulières qui se rapportent toutes à une idée générale renfermée dans le mot *LIBERTÉ*. C'est cette idée générale que je me propose de déterminer.

DE même que l'amour conjugal est l'amour que deux époux ont l'un pour l'autre, que l'amour paternel est l'amour des pères pour les enfans, et l'amour filial celui des enfans pour les pères, définitions qui en supposent toutes une première, celle du mot *AMOUR*; de même je conçois que la liberté civile est la liberté dans l'ordre civil, que la liberté politique est la liberté dans l'ordre politique, etc.; et je sens en même tems le besoin d'une première définition qui me fasse entendre les autres..

On s'étonnera, peut-être, que j'insiste sur la nécessité de cette explication préliminaire. Mais c'est précisément parce que personne ne paraît s'en soucier, que j'y attache beaucoup d'importance : car je crois qu'en toute chose, avant de disputer, il faut tâcher de s'entendre.

Dire, comme on fait communément, d'une manière générale, que la liberté consiste à n'obéir qu'aux lois, ce n'est pas la définir. Cette idée, bonne ou mauvaise, ne peut s'appliquer qu'à une espèce particulière de liberté, supposant l'existence d'un état de société régi par des lois positives. Or, pour juger de la justesse d'une pareille notion, il faut pouvoir la comparer avec l'idée primitive et fondamentale qu'elle modifie ; il faut par conséquent avoir déterminé d'abord cette première idée.

Je n'aime pas d'ailleurs un principe

duquel il s'ensuivrait, à raisonner ri-
goureusement, qu'on peut être libre sous
l'empire des lois' les plus oppressives et
les plus tyranniques. On pourrait dire
en effet aux malheureux qui en seraient
les victimes : de quoi vous plaignez-vous?
Il est vrai que vous êtes lésés dans vos
biens, gênés dans votre industrie, con-
trariés, violentés dans vos penchans les
plus naturels ; mais vous n'en êtes pas
moins libres pour cela : car c'est la loi
qui le veut ainsi, et la liberté consiste
à n'être vexé que par Elle.

Pour sauver l'absurdité de ce résultat,
il faut de deux choses l'une, ou suppo-
ser, ce qui est démenti par les faits, que
la puissance législative est toujours parfaitement juste et éclairée, ou restreindre
cette idée vague et indéfinie de lois, à
l'idée circonscrite et déterminée de lois
favorables à la liberté. Ainsi donc, dans
ce dernier cas, la liberté consistera à
n'obéir qu'à des lois favorables à la liberté. J'avoue que cette définition ne
me paraît pas fort lumineuse.

Je crois pouvoir tirer de ceci deux
conséquences : la première, qu'on s'ex-

primerait plus exactement en disant qu'il n'y a de liberté que là où l'on n'obéit qu'aux lois , car , si de n'obéir qu'aux lois n'est pas assez pour être libre , c'est au moins une condition nécessaire ; la seconde, qu'au lieu de considérer les lois comme la mesure de la liberté , c'est au contraire à l'idée de celle-ci qu'il faut rapporter les dispositions de celles-là, pour juger de leur justice et de leur convenance. La liberté est avant les lois dans l'ordre des idées, comme la fin est avant les moyens , ou comme l'objet de comparaison est avant les objets qu'on en rapproche. (1)

---

(1) La liberté consiste si peu à n'obéir qu'aux lois, que l'obligation d'obéir à une loi quelconque, emporte nécessairement privation de liberté par rapport à l'objet de cette loi. Par exemple, si la loi d'un pays interdit le mariage à certains individus, tout le monde conviendra que ces individus ne sont pas libres, quant à l'action particulière de se marier. Il suit delà que pour que les hommes soient soumis aux lois, comme le bien de la société l'exige , et libres comme la nature le demande, il faut que les objets des lois et ceux de la liberté soient essentiellement

Qu'est-ce donc que la liberté? Mais
quand je fais cette question aux philosophes et aux publicistes, je ne leur
demande pas quel est le sens particulier
qu'ils jugent à propos d'attacher à ce
mot *liberté*, pour la commodité de leurs
systêmes; je les invite à examiner et à
nous faire connaître quel est celui que
tous les hommes y attachent généralement. Voilà ce dont il s'agit, car les
mots ne signifiant pas par eux-mêmes
une chose plutôt qu'une autre, ne de-
viennent des moyens de communication
entre nous que par l'effet d'une habitude
acquise qui, toutes les fois qu'un mot
est prononcé, réveille chez tous ceux
qui l'entendent, des idées et des sensa-
tions semblables. C'est donc à cette habitude qu'il faut avoir égard pour faire

---

distincts et séparés. Cette conséquence bien dé-
veloppée et bien entendue, ne serait peut-être
pas sans utilité. Elle pourrait nous apprendre à
voir la liberté où elle est, et à ne pas la cher-
cher où elle n'est pas ; à ne pas vouloir être
libres dans les cas où nous devons subir le joug
des lois, et à ne pas nous l'imposer dans les cas
où nous devons être libres.

de bonnes définitions, et l'art du philosophe consiste à en rechercher l'origine, à en suivre les progrès, à démêler parmi les diverses acceptions du même mot que l'usage a introduites, le sens primitif auquel elles se rallient, et à nous révéler ainsi, si j'ose le dire, le secret de nos propres pensées. Que si, au lieu de suivre cette méthode, vous fixez vous-même d'autorité le sens des mots sans égard à l'usage et aux conceptions vulgaires, vous pourrez dire de très-belles choses, mais vous courrez grand risque de n'être point entendu, ou, ce qui est pire encore, d'être mal-entendu.

On raconte qu'un français qui se trouvait dans une auberge d'Italie, eut envie de déjeûner. Croyant se faire bien entendre en donnant au mot français, *déjeûner*, une tournure italienne, il se met à crier de sa fenêtre: *Signor oste, io voglio digiunare: M. l'hôte je veux* DÉJEUNER. Mais par malheur l'hôte ressemblait à la servante de Fontenelle, (2)

_____

(2) Un académicien de Marseille, sortant un soir de chez Fontenelle, criait à la servante dans

il n'entendait que l'italien, et en italien *digiunare* veut dire *jeûner.* Un peu surpris de la confidence, il répond très-honnêtement : *Vossignoria è padrona. Vous êtes bien le maître.* Cependant le déjeûner ne vient point, le français s'impatiente, et se remet à crier de plus belle: *Signor oste, io voglio digiunare ;* et l'hôte lui répond toujours avec le même flegme: *Vossignoria è padrona.*

JE ne sais, mais il me semble que l'histoire du voyageur français est celle de bien des philosophes.

ON ne cesse de nous dire, et on a bien raison, que la liberté n'est pas la licence. Cependant le gros des hommes a toujours été porté à confondre l'une avec l'autre, ou du moins à agir comme si c'était la même chose. Cette erreur si générale n'autorise-t-elle pas à penser qu'il y a dans ces deux idées quelque

---

son jargon provençal: *ma fille, foites-moi lumière,* et s'impatientait de n'en être pas mieux éclairé. *Monsieur,* lui dit Fontenelle avec douceur, *excusez cette pauvre fille, elle n'entend que le français.*

chose de commun, un point par où elles se touchent? Et n'est-on pas fondé à en conclurre que toute définition de la liberté, où l'on n'appercevra pas ce point de contact, sera fausse et incomplette, puisqu'elle ne se rapportera point au type qui est dans l'esprit de tous les hommes? Il en sera, dans ce cas, du philosophe comme d'un peintre à qui j'aurais demandé mon portrait, et qui m'apporterait une tête de fantaisie. On peut faire encore à ce sujet une autre observation; c'est que les prédications de nos graves instituteurs seraient infiniment plus efficaces, s'ils cherchaient à leur procurer l'appui de notre sentiment intérieur, en nous éclairant sur les causes du mal-entendu qui nous égare, et en nous faisant remarquer, au milieu de l'identité apparente des deux idées, le trait caractéristique qui les distingue.

En attendant qu'une main plus habile entreprenne ce travail, j'oserai présenter ici, avec une juste défiance, le résultat de mes propres recherches sur ce sujet intéressant.

Le mot *liberté* pris dans un sens purement physique, est synonime de *puis-sance*, comme Locke l'a démontré. C'est dans ce sens que le prennent les métaphysiciens lorsqu'ils agitent la question de savoir si l'homme est un agent libre. On dit encore, dans le même sens, qu'un méchant heureux et puissant a une entière liberté de faire le mal. Sous ce rapport, ce mot se prend indifféremment en bonne et en mauvaise part. Mais ce n'est pas de ce sens purement physique qu'il s'agit ici : il s'agit du sens physique et moral tout à la fois que nous donnons à ce mot *liberté*, lorsque nous l'appliquons à nos relations avec les autres hommes ; lorsque jettant les yeux autour de nous, et considérant notre position, nous nous félicitons d'être libres, ou nous nous plaignons de ne l'être plus. L'exemple que j'ai cité plus haut, est très-propre à faire sentir cette différence d'acception, car si le méchant dont je parlais, vient à perdre la puissance dont il abusait, on dira bien qu'il n'a plus la liberté de faire le mal, mais on ne dira pas pour cela, qu'il ait perdu sa liberté, si d'ailleurs il n'y a rien de changé dans sa manière d'être. Dans cette dernière signification du mot *liberté*, l'idée primitive de puissance reste toujours, mais il s'y joint une idée de droit ou de convenance que nous ne manquons jamais d'attacher aux objets de nos réclamations. Ce mot ainsi appliqué, a donc toujours un sens favorable, et toutes les fois qu'on l'emploie de cette manière, il me semble qu'il signifie généralement *la faculté de disposer de soi - même à sa volonté.* C'est ainsi qu'on dit qu'un esclave affranchi a acquis ou recouvré sa liberté ; qu'une femme mariée, qu'un mineur, qu'un courtisan, que toute personne enfin dépendante de la volonté d'autrui, (3) n'est pas libre,

---

(3) Un auteur célèbre prétend que l'idée d'indépendance n'est pas renfermée dans celle de liberté. J'ose croire qu'il se trompe, et je n'en veux d'autre preuve que ce qu'il dit lui-même, que la liberté est l'*exercice libre et légitime des facultés et des droits que l'homme tient de sa nature.* Car, pour que cet exercice puisse avoir lieu, il ne faut pas que d'autres hommes puissent l'empêcher ou y mettre obstacle ; il faut donc que l'homme, à cet égard, soit indépendant de la volonté d'autrui. Le même écrivain nous dit ailleurs

et

et que celui qui a fait une chose par force, n'a pas agi librement.

---

que la liberté consiste *à n'obéir qu'aux lois*, et qu'on *n'est libre, qu'autant qu'on ne reconnaît d'autre autorité que la volonté générale*. Mais quel est cet avantage de n'obéir qu'aux lois, sinon celui de ne point obéir aux hommes? Et que gagnerons-nous à ne reconnaître d'autre autorité que la volonté générale qui est la nôtre, ou du moins censée telle, si ce n'est de nous soustraire à l'empire des volontés étrangères? Or, ne point obéir aux hommes, se soustraire à l'empire de leurs volontés, c'est en être ou s'en rendre indépendant. Liberté est donc indépendance.

Mais, dit-on, *l'indépendance n'est point faite pour l'homme. Elle est en contradiction avec l'essence d'un être faible et imparfait qui, en raison de cette imperfection et de cette faiblesse, dépend nécessairement plus ou moins des autres êtres avec qui la nature le destine et le force à vivre.* Sans doute l'homme n'est point fait pour une indépendance absolue et universelle, qui équivaudrait à la toute-puissance, ni par conséquent pour une liberté absolue et universelle; mais cela n'empêche pas que l'homme nécessairement dépendant sous plusieurs rapports, ne puisse être, sous d'autres rapports, indépendant et libre. Il ne dépend pas de moi de marcher quand j'ai la goutte; et ne dépend pas de moi de ne pas

B

CETTE idée de disposer de soi-même à sa volonté, renferme celle de puissance, et elle exclut, en même tems, celles de gêne, de contrainte, d'empêchement. Sous ce point de vue, la liberté paraît se confondre avec la licence : car celle-ci suppose également la puissance unie à la volonté ; elle suppose, également l'absence de toute gêne, de toute contrainte, etc. Ces deux notions ont donc, comme nous l'avons dit, un côté commun qui est le côté physique. Mais elles diffèrent absolument par le côté moral, et

---

avoir la goutte ; mais la dépendance où je suis, à cet égard, de la Nature et de l'enchaînement des causes physiques, n'empêche pas que je ne puisse être, au même égard, indépendant de quelque homme que ce soit, c'est-à-dire, que je ne puisse, sans demander de permission à personne, faire usage de mes jambes quand la goutte m'aura quitté. *Nous dépendons tous, plus ou moins, les uns des autres*, à la bonne heure ; mais qui dit plus ou moins, ne dit pas tout ; il y a donc aussi plus ou moins de choses dans lesquelles cette dépendance mutuelle n'a pas lieu. Eh bien ! c'est dans ces choses-là que nous sommes libres.

quelques exemples rendront cette différence sensible.

DEUX amans devenus époux, usent de
leur *liberté* en se livrant à leur pen-
chant mutuel, et en suivant de concert
la douce voix de la nature. Tout le
monde le sait, et personne ne s'en
scandalise.

MAIS si deux époux secouant le joug
aimable de la pudeur, et se piquant
d'imiter la philosophie de Diogène, pre-
naient la place publique pour théâtre de
leurs plaisirs, il n'est personne qui ne
fût révolté d'une telle conduite, et qui
ne la qualifiât, avec raison, de *licence*
effrénée.

OR en quoi consiste la liberté des
amans devenus époux? En ce qu'ils peuvent disposer d'eux - mêmes au gré de
leurs desirs, en ce que personne ne peut
plus contrarier leurs volontés amoureuses.
Mais si nous regardons les jouissances du
mariage comme permises, c'est à condition qu'elles seront secrettes, parce que
leur publicité blesserait la décence et les
bonnes mœurs. Cette violation des mœurs
et de la décence, qui suppose l'oubli ou

le mépris des égards que l'homme en société doit aux autres hommes, est ce qui caractérise la licence dans notre second exemple.

PRENONS maintenant une autre hypothèse ; considérons, pour un moment, l'union des sexes sous le point de vue naturel, et abstraction faite des institutions sociales. Sous ce point de vue, il est clair que la satisfaction de l'individu qui désire, dépend uniquement de la volonté de l'objet desiré, et par conséquent celui-là ne fait qu'user de sa *liberté*, s'il profite de la condescendance de celui-ci. Mais si un homme, emporté par une passion brutale, attaque en ennemi celle à qui il n'a pu plaîre, et triomphe de ses refus par la violence, ce n'est plus alors de sa *liberté* qu'il use, c'est un acte de *licence* auquel il se porte, acte d'autant plus condamnable que la résistance est plus marquée, et l'abus de la force plus caractérisé.

DANS cette dernière supposition, c'est la sûreté individuelle qui est attaquée, comme les mœurs et la décence l'étoient dans l'exemple cité plus haut. L'un est infiniment plus odieux que l'autre; aussi les distingue-t-on par des noms différens. Cette espèce de licence qui attente aux droits d'autrui, s'appele ordinairement *injustice*, *oppression*, *tyrannie*. Le mot *licence* s'applique plus particuliérement à l'infraction des décences et des convenances sociales, et on ne le prend guère dans le sens plus étendu que nous lui donnons ici, que lorsqu'on le met, comme nous faisons, en opposition avec le mot *liberté*. (4)

MAIS, pour revenir à notre premier objet, la licence a pour caractère général dans les deux exemples ci-dessus,

---

(4) Le mot *licence* vient du latin *licet*, il est permis. L'usage lui a donné dans notre langue une signification toute opposée; car on l'applique, par une espèce d'antiphrase, à l'action de faire ce qui n'est pas permis, ce qui n'est pas licite. Ainsi la licence consiste proprement à se donner une permission qu'on n'a pas, ce qui présente l'idée d'une chose plutôt irrégulière que criminelle. C'est par analogie à cette dernière signification, qu'on se sert plus particuliérement de ce terme, pour désigner les actions contraires à la régularité des mœurs et à ce qu'on appele le bon ordre.

la transgression d'une loi ou d'une dé-
fense quelconque. C'est, si je puis le
dire, une extension vicieuse de la liberté,
qui consiste à en outre - passer les limites; ainsi, pour achever d'éclaircir et
de fixer nos idées à cet égard, il no
s'agit plus que de reconnaître les limites
de la liberté.

Or ces limites ne sont point arbitraires. Elles sont établies par la nature
des choses. La liberté, avons-nous dit,
est la faculté de disposer de soi-même
à sa volonté. Mais il est évident que,
dans la disposition de soi-même proprement
ment dite, n'est point comprise toute
action dans laquelle un autre se trouve
intéressé : car disposer de soi, n'est pas
disposer d'autrui, et il serait déraison-
nable de prétendre qu'en pareil cas, nous
n'eussions d'autre volonté à consulter que
la nôtre. Ainsi, par la définition même
de la liberté, on voit qu'elle ne peut
s'étendre à d'autres actes, qu'à ceux
qui n'intéressent que nous, et qui se ter-
minent uniquement à modifier notre
propre existence. L'application de ce
principe à l'injustice et à l'oppression,

est sans difficulté. Il s'applique également à la violation des décences et des convenances sociales qui sont une partie essentielle de l'existence des hommes en société, et qu'on ne peut choquer, par cette raison, d'une manière marquée, sans blesser ces derniers dans un endroit fort sensible. Voilà donc la ligne de démarcation entre la liberté et la licence, exactement tracée. L'une finit où l'autre commence, au point où il ne s'agit plus de disposer uniquement de nous - mêmes, et où les choses cessent d'être entièrement du ressort de notre volonté.

MAIS celles de nos actions possibles qui ne dépendent pas entièrement de notre volonté, en dépendent au moins en partie, puisqu'elles nous intéressent toujours, comme devant être produites par nous. Si, dans les choses qui intéressent autrui, nous avons besoin pour agir, du concours d'une autre volonté que la nôtre, ce concours nous est inutile pour ne pas agir, et il suffit que nous ne le voulions pas. Par exemple, l'amant a besoin, pour être heureux,

du consentement de l'objet aimé ; mais
il dépend de lui de se priver du bonheur
qu'il peut obtenir. L'exercice de la liberté
ou de la faculté de disposer de nous-
mêmes, peut donc être considéré sous
un double point de vue, comme positif
et comme négatif. Il est positif, lorsqu'il
consiste à faire ce que nous voulons ;
il est négatif, lorsqu'il consiste à ne pas
faire ce que nous ne voulons pas. Cette
distinction me semble fort claire, et je
la crois fort importante. Elle est peut-
être la clef de beaucoup de difficultés
qui se rencontrent en législation, lorsqu'il
s'agit de concilier la liberté avec l'ordre
social ; peut-être nous aiderait-t-elle
à déterminer plus exactement qu'on ne
l'a fait jusqu'ici, les véritables bornes des
droits que la nature a donnés à l'homme,
et des sacrifices que la société peut exiger
de lui.

On dit communément que l'homme
en société sacrifie une portion de sa
liberté aux avantages que cet état lui
procure. Cette proposition me paraît
assez juste, prise dans son vrai sens.
Mais le mal est qu'il soit si facile d'a-

buser de cette idée vague d'un sacrifice
dont on ne fixe point la mesure. C'est
dans cet indéfini que triomphent l'esprit
de domination et celui de sytême, que
les tyrans donnent carrière à leurs passions oppressives, et les philosophes, à
leur manie régulatrice, et que les uns,
au nom du bon ordre et de la sûreté
de l'état, les autres, au nom de la vertu
et de l'amour de la patrie, gênent à
l'envi les mouvemens de l'homme, et
compriment en lui le ressort de la volonté, par des lois atroces ou des institutions monacales. (5) Celui-là vous

----

(5) Un auteur moderne a dit que les Spartiates étaient des moines armés. Il me paraît avoir
bien saisi le caractère des lois de Licurgue, et en
général, de toutes les institutions Platoniques. Elles
ont en effet, avec les règles monastiques, des
ressemblances frappantes que ce n'est pas ici le
lieu de développer. Je me contenterai d'observer
que les unes et les autres tendent également à
inspirer l'esprit de désappropriation, à éteindre
le sentiment du moi, à faire contracter, par en-
thousiasme, l'habitude des privations et d'une vie
austère, enfin à façonner les hommes sur un
même modèle, sans égard aux différences que

condamne à mort, pour n'avoir pas couvert votre feu à neuf heures ; (6) cet autre vous met en pénitence pour avoir manqué au réfectoire ; (7) et c'est ainsi qu'il n'y a sorte de vexations et d'avanies qu'on ne fasse essuyer à la pauvre espèce humaine, sous le spécieux prétexte de son plus grand bien. Tâchons donc une fois de nous entendre, si nous

---

la nature a mises entr'eux, comme on taille des pierres pour bâtir une maison. Les auteurs de ces institutions sont partis de ce principe très-vrai, que les hommes sont faits pour la société ; mais ils n'ont pas assez considéré que la société est faite aussi pour les hommes, et que par conséquent le régime politique et civil doit être analogue à leur constitution naturelle. Je ne puis mieux rendre l'idée que je me fais de la véritable organisation sociale, que par une comparaison tirée du système planétaire. Dans ce système, chaque planète tourne autour du soleil, mais c'est en tournant d'abord sur son propre centre.

(6) Loi du couvre-feu en **Angleterre**, sous Guillaume-le-Conquérant.

(7) Obligation imposée aux Spartiates, par les lois de Licurgue, de prendre leurs repas en commun.

ne voulons pas être dupes. Quelle idée
a-t-on dans l'esprit, lorsqu'on dit que
l'homme sacrifie une portion de sa liberté
à l'ordre social? Entend-on par-là que
l'homme renonce en partie à la faculté
de disposer de lui-même, dans le sens
que nous avons ci-dessus expliqué, et
qui est le seul raisonnable, en restreignant
cette faculté aux seuls cas où il s'agit
de lui et non pas des autres? Non sans
doute. Car il est sensible, d'un côté, que
l'existence de l'homme en société, ne
détruit pas sa qualité d'homme, d'être
intelligent et voulant, et agissant en
conséquence; de l'autre, que cette disposition de lui-même ne préjudicie à
personne, et qu'il est, par exemple,
très-indifférent à tout le monde, que je
couvre mon feu à neuf heures ou à
minuit, et que je dîne seul ou en compa-
gnie. Mais on a considéré que les hommes ayant ent.'eux des communications
bien plus fréquentes, et des rapports
bien plus intimes et plus étendus dans
l'état de société, que dans l'état de nature, ils avoient aussi bien plus d'oc-
casions de se nuire ou de s'incommoder

mutuellement, que se touchant par plus
de points, ils pouvoient se blesser dans
plus d'endroits, et que par conséquent
il y avait moins de·cas où l'homme
pût agir par lui‑même, sans consulter
les autres. C'est donc sur le nombre de
ces cas, sur l'étendue du champ où la
liberté peut s'exercer, et non sur la li‑
berté elle‑même, que tombe cette idée
de privation, de diminution, renfermée
dans celle de sacrifice, et de même que
le propriétaire d'un domaine de cent pis‑
toles, n'est pas moins essentiellement,
moins complétement propriétaire, que
celui d'une terre de cent mille écus, quoi‑
que les objets de sa propriété soient moins
considérables; de même, l'homme en so‑
ciété, n'est pas moins essentiellement,
moins complétement libre et maître de
lui‑même, que l'homme dans l'état de
nature, quoique le domaine de son exis‑
tence individuelle soit plus resserré. Ne
croyez pas, au reste, que ceci ne soit
qu'une vaine subtilité; car la liberté de
l'homme étant ainsi mise hors d'attein‑
te, comme une faculté inhérente à sa
nature, dans tout état de choses, vous

ne pouvez plus abuser d'une équivoque pour le tourmenter par vos prohibitions arbitraires, et si vous voulez l'empêcher de suivre sa volonté, dans telle circonstance, il faut que vous lui prouviez, non pas qu'il doit la sacrifier à vos vues ou à votre convenance, mais que la chose est de nature à ne pas dépendre de sa volonté seule, parce qu'il n'y est pas seul intéressé. En un mot, il faut que vous ayez une réponse prête, et une réponse affirmative et satisfaisante, à ces questions vulgaires : est - ce que cela vous regarde ? Qu'est-ce que cela vous fait ?

Si mon voisin jugeait à propos de me rendre visite dans le costume rigoureux d'un *sans-culotte*, (8) je serais, je crois,

_____

(8) J'écrivais ceci dans le fort de la terreur et de la sans-culotterie. Quoiqu'on dût alors s'attendre à tout, je ne prévoyais pourtant pas que cette extravagance dût être un jour réalisée parmi nous, et qu'à la faveur du costume grec, on étalerait sur nos théâtres et dans nos lieux publics, la nudité la plus indécente. On dit que le citoyen MERCIER s'est élevé contre ce scandale

très - fondé à le mettre dehors par les
épaules, et je pourrais lui dire, avec
raison: restez chez vous quand vous n'aurez pas d'autre toilette. Donc, si mon
voisin reste chez lui, il peut s'y mettre
à son aise, tant qu'il voudra, sans que
je m'en soucie. Il n'y a que ceux qui
habitent avec lui, à qui cela fasse quelque chose, et si nous supposons qu'il
soit seul, cela ne fait rien à personne.
L'exemple n'est pas noble, j'en conviens,
mais il rend assez bien mon idée, et,

---

avec beaucoup de force. C'est une bonne action
dont les amis des mœurs doivent le remercier.
— J'observerai, au surplus, que les partisans du
nouveau costume manquent d'exactitude, lorsqu'ils
attribuent à l'influence des préjugés religieux,
cette répugnance générale des peuples civilisés,
pour ce qu'on appelle *nudités*. Ils auraient pu
voir, dans Horace, que les Romaines, du tems
d'Auguste, portaient les idées de décence et de
modestie aussi loin, pour le moins, que nos
dévotes.

Matronæ præter faciem nil cernere possis
Cætera, ni Catia est, demissâ veste tegentis,

(SATYR. II. LIB. I.)

d'ailleurs, nous ne sommes plus dans le tems des vaines délicatesses.

CE que je viens de dire, s'applique uniquement à l'exercice positif de la liberté. Reste à savoir si l'exercice négatif de cette faculté est sujet aux mêmes restrictions dans l'état social, c'est-à-dire, s'il y a des cas où, par l'effet de notre existence en société, par une suite des rapports qui dérivent de cette manière d'être, nous puissions être assujétis à faire ce que nous ne voulons pas. Je suis porté à croire que non, sans oser pourtant rien décider sur un point si délicat. Il me semble qu'il est de la nature d'un être intelligent d'avoir en lui-même et dans ses propres déterminations, le principe de ses actions extérieures. Il me semble que le régime social, dont une des fins les plus évidentes est le développement de la perfectibilité de notre espèce, ne peut attenter, en aucun cas, à l'un de ses attributs les plus essentiels ; et je desire surtout qu'il en soit ainsi, pour que l'homme ait au moins cette digue à opposer aux irruptions de toutes les espèces de despotisme, pour

que ce soit le mur d'airain où vienne
se briser la fougue de ces esprits ardens
et dominateurs qui voudraient tout, as-
servir à leurs opinions , tout mouvoir
par leur impulsion , tout entraîner dans
le sens de leurs idées.

Il faut cependant s'expliquer. Quand
je dis qu'un homme ne peut être contraint de faire ce qu'il ne veut pas , je
n'entends dispenser personne d'être juste
et raisonnable ; je n'entends pas , par
exemple, dispenser un débiteur de payer
ses dettes, ni, en général, tout homme
qui a pris un engagement quelconque ,
de remplir cet engagement. La faculté
de ne pas faire ce que nous ne voulons
pas , suppose que les choses qu'il s'agit
de faire , dépendent de notre volonté ;
or une chose n'en dépend plus d'aucune
manière , dès qu'elle a pris pour nous,
par l'effet de nos promesses, le caractère d'obligation. Cette idée générale de
ne pouvoir être contraint, est donc susceptible d'une exception relative aux cas
où l'on est engagé, exception qui, loin
de détruire le principe , tend, au contraire, à le confirmer pour tous les cas où
l'homme

l'homme n'est point lié par un engagement antérieur. Ceci posé, la question se
réduit à savoir si l'homme qui vit au sein
de la société, contracte par ce fait seul,
d'autre engagement que celui de ne pas
troubler l'ordre social. Je ne le pense
pas, et entre beaucoup de raisons que je
pourrais donner de mon sentiment, en
voici une qui me paraît très-forte; c'est
que cet engagement de ne pas troubler
l'ordre social, suffit seul, avec la variété des intérêts, des inclinations et
des convenances personnelles, pour remplir toutes les fins de l'état de société;
mais encore un coup, je ne décide pas,
je ne fais qu'énoncer une opinion. (9)

Pour résumer tout ce que je viens de
dire sur les deux espèces de liberté, ou

---

(9) Si, par hasard, cette opinion était fondée,
il en résulterait que le caractère essentiel et général des lois serait d'être prohibitives, et que
toute loi impérative serait vicieuse de sa nature.
Pour bien saisir, au reste, cette conséquence,
il faut avoir une idée juste de ce qu'on appele
ici, et ne pas confondre, comme on fait tous
les jours, les lois proprement dites, avec des
dispositions de pure administration.

C

plutôt sur les deux manières de considérer cette faculté, la *liberté positive* qui
consiste à faire ce que nous voulons,
s'étend à toutes les choses qui sont de
nature à ne dépendre que de notre volonté, et la *liberté négative* qui consiste
à ne pas faire ce que nous ne voulons
pas, embrasse généralement tout ce qui
est de nature à dépendre de notre volonté, soit exclusivement, soit concur-
remment avec la volonté d'autrui. L'une
finit au point où l'homme a besoin pour
agir, du concours d'une volonté étran-
gère; l'autre a lieu dans tous les cas où
il n'a pas renoncé à suivre sa propre volonté. La première a pour limites nécessaires le droit d'autrui, indépendant de
nous; la seconde ne peut être bornée
qu'accidentellement par des engagemens
qu'il dépend de nous de ne pas contracter.
Enfin l'état de société, qui nous rend le
consentement d'autrui plus souvent nécessaire, resserre la liberté positive dans une
sphère plus étroite; mais il paraît laisser
à la liberté négative toute son étendue.
Je pourrais ajoûter encore à ces différences, que l'idée de licence qui s'appli-

que, comme nous l'avons vu, à l'abus de la liberté positive, lorsqu'un homme fait ce qu'il devrait ne pas faire, ne convient nullement à l'abus de la liberté négative, lorsqu'un homme ne fait pas ce qu'il devrait faire. (10) Ce dernier abus se désigne par le nom beaucoup plus doux de négligence ou d'omission.

On peut tirer de tout ce qui précède, un résultat encore plus général, c'est

———————————————————→

(10.) Remarquez ici que le mot *devoir* se prend dans des sens différens. Quand on parle de ce que nous *devons* ne pas faire, ce mot se rapporte au droit que les autres ont de l'empêcher ; mais quand il s'agit de ce que nous *devons* faire, abstraction faite de nos engagemens particuliers, ce même mot se rapporte uniquement à une obligation morale qui est en nous d'agir de telle manière pour agir convenablement à notre nature, sans que les autres ayent droit d'exiger que nous agissions ainsi. Vous *devez* ne pas attenter à ma personne ni à mes biens, et si vous le faites, j'ai d'abord le droit de vous en empêcher, et, par suite, celui de vous poursuivre pour la réparation du tort que j'ai éprouvé. Mais de ce qu'un homme *doit* être charitable, personne ne s'avisera d'en conclure qu'on puisse demander l'aumône par le ministère d'un huissier, que la notion de la liberté , telle que nous l'avons déterminée , et telle qu'elle existe plus ou moins distinctement dans l'esprit de tous les hommes , se rapporte toujours aux individus considérés séparément et abstraction faite de toute action ou dépendance réciproque. Elle suppose dans l'homme une existence particulière en tant qu'homme , distincte de l'existence civile , et affranchie de la subordination sociale ; ce qui ne veut pas dire que la liberté ainsi conçue, soit incompatible avec l'état de citoyen et les obligations qui en résultent, mais seulement qu'elle n'a rien de commun avec cet état et ces obligations. Le même homme peut bien être à la fois libre et soumis aux lois de la société; mais il ne peut pas être l'un et l'autre sous le même rapport ou à l'égard du même objet. Il n'est pas libre par rapport aux choses que les lois lui ordonnent ou lui défendent; (11) il ne l'est que par rap-

---

(11) Il n'est pas libre de fait , quoiqu'il puisse l'être de droit, si par exemple la loi lui commande

port aux choses sur lesquelles les lois ne lui prescrivent rien. Il suit delà que s'il pouvait exister une société tellement instituée que la loi eût prononcé sur toutes les actions possibles des citoyens et sur l'emploi de tous les momens de leur journée, les membres de cette société n'auraient absolument aucune liberté, dans le sens propre et naturel du mot, quoiqu'ils pussent former un peuple parfaitement libre dans le sens des publicistes et des philosophes. C'est dans la différence de ces deux sens que réside la cause du mal-entendu qu'occasionne ordinairement le mot *liberté*. Les philosophes accoutumés à voir les hommes et les choses en masse, parlent de la

---

ce qu'elle ne doit pas lui commander, ou lui défend ce qu'elle ne doit pas lui défendre; car dans ce cas la loi est vicieuse et tyrannique. Mais que la prohibition ou la contrainte soit juste ou injuste, l'effet en est le même pour celui qui l'éprouve. On n'est libre dans aucune des deux suppositions. Toute la différence est qu'on ne doit pas l'être dans la première, et qu'on aurait dû l'être dans la seconde.

liberté des peuples, (12) et la multi-

___

(12) C'est ce qu'on appelle la liberté politique qui ne peut être autre chose que la faculté de disposer de soi-même dans l'ordre politique, ou dans l'ordre des rapports qui constituent une nation et en font un corps moral soumis à tel régime, et occupant telle place parmi les autres peuples. Il est aisé de voir par-là que la liberté politique ne peut pas appartenir aux individus comme la liberté naturelle ou civile, puisque la disposition de soi-même dont il s'agit ici, ne tombe pas sur l'existence individuelle de chaque homme en particulier, mais sur celle de cet être collectif qu'on appelle Nation. Ainsi, de même que la liberté naturelle ou civile est la faculté que l'homme a de disposer de lui-même dans l'ordre de ses rapports naturels ou civils, la liberté politique est la faculté qu'une nation a de disposer d'Elle-même dans l'ordre de ses rapports politiques; c'est-à-dire, dans l'ordre des rapports qui font d'Elle un état au-dedans et une puissance au-dehors. La liberté politique ainsi considérée se confond avec la souveraineté. Lors donc que Montesquieu dit que la liberté politique consiste dans l'*opinion que chacun a de sa sûreté*, il prend l'effet pour la cause, ou plutôt, Car on ne doit pas taxer légèrement ce grand génie d'avoir manqué de justesse, il cherche moins à donner une définition exacte qu'à frapper ses lecteurs par une idée sensible et à la portée de tous les esprits.

tude qui ne voit rien que par parties,
entend la liberté des individus. C'est toujours à ce but qu'elle tend, lorsque le
philosophe croit la conduire au sien, et
cela fait aussi qu'ils ne marchent pas
long-tems d'accord, car dès que le philosophe vient à parler de sacrifices et à
développer sa doctrine austère, il n'est
plus entendu de la multitude, et tous les
raisonnemens sont perdus pour elle, lorsqu'il s'agit de lui faire goûter une liberté
qui consiste en toute autre chose qu'à
faire ce qu'on veut, ou à ne pas faire
ce qu'on ne veut pas. *Fière et sainte
liberté*, dit Rousseau avec son énergie
ordinaire, *si ces pauvres gens pouvaient
te connaître ! s'ils savaient à quel prix
on t'acquiert et te conserve !* etc. Il
sem e en effet que par une fatalité re-
marquable, ou plutôt par une suite de
cette manie réglémentaire qui possède
tous les législateurs, la liberté publique
n'ait pu exister nulle part qu'aux dépens
de la liberté individuelle. Cependant ces
deux choses, loin de s'exclure, paraî-
traient devoir toujours être unies, car
si l'on met à part la dignité de l'homme,

considération très-importante sans doute, mais trop abstraite pour frapper tous les esprits, ce n'est que par son rapport avec la liberté individuelle, que la liberté publique peut intéresser généralement les particuliers, et d'un autre côté, c'est dans la liberté publique que la liberté individuelle doit trouver sa garantie la plus solide. Ce serait donc une recherche bien utile que celle d'un système d'organisation sociale propre à les concilier et à faire ce que les Lycurgue et les Platon ne paraissent pas même avoir tenté. La solution de ce grand problème accélérerait plus que toute autre chose l'affranchissement de l'espèce humaine, et je ne puis mieux terminer cet essai qu'en proposant aux sages ce sujet important de méditation.

DIGRESSION

SUR

LA LIBERTÉ

RELIGIEUSE.

LA Liberté religieuse, d'après les principes exposés dans l'essai qui précède,
doit être la faculté de disposer de soi-
même dans l'ordre de la Religion, c'est-
à-dire dans l'ordre des rapports de
l'homme avec la divinité. Ces rapports
sont essentiellement les mêmes pour tous
les hommes; mais nous nous en formons
tous des idées très-différentes, et cette
différence d'idées est attachée à notre
nature qui nous rend susceptibles d'im-
pressions de toute espèce. Cependant les
vrais rapports de l'homme avec Dieu, ne
peuvent influer sur notre détermination,
qu'autant que nous les reconnaissons pour

A

vrais, et si les préjugés de l'éducation ou toute autre cause nous en font juger autrement, il est nécessaire que nous nous déterminions d'après ce jugement tout erroné qu'il peut être. La Liberté religieuse consiste donc à pouvoir disposer de soi-même dans l'ordre des rapports de l'homme avec la divinité, non pas suivant la réalité de ces rapports, mais suivant l'idée que chacun s'en fait. En effet, si j'étais obligé de suivre à cet égard une autre opinion que la mienne, fût-ce une opinion vraie, ce ne serait plus moi, dans ce cas, qui disposerais de moi-même, ce serait celui dont la manière de penser me servirait de règle. Ainsi l'erreur et la vérité sont également sous la sauve-garde de la Liberté religieuse, et l'absurdité d'une opinion, d'une croyance, d'un culte, ne peut jamais être une raison légitime de gêner la volonté de qui que ce soit. La Liberté religieuse est cependant susceptible de restrictions, de limitations, comme la Liberté de l'homme considérée en général, dont elle n'est qu'une dépendance. Elle peut de même être envisagée sous un double point de vue, comme positive et comme négative. Sous le premier, elle est bornée aux seuls actes qui n'intéressent que nous, et qui, par cette raison, sont de nature à ne dépendre que de notre volonté; mais sous le second, elle doit être illimitée, elle doit même l'être plus que la Liberté négative appliquée à tout autre objet, en ce sens que l'homme ne peut déroger par aucun engagement à la faculté de ne pas faire ce qui répugne à sa conscience. Ainsi, on peut bien empêcher un homme d'agir conformément à son opinion religieuse, si cette opinion est telle qu'elle le porte à nuire aux autres hommes; mais on ne peut jamais le forcer d'agir conformément à une croyance qui n'est pas la sienne. Tout système religieux, tout culte, dont la manifestation ou l'exercice troublerait l'ordre public, peut donc être légitimement interdit; mais on ne peut jamais, même en vue du bien public, commander de croire tel dogme, ou de pratiquer telle observance.

Voilà, je crois, les vrais principes de la tolérance civile. J'avoue qu'ils sont

différens de ceux que Rousseau expose
dans son contrat social ; mais en respec-
tant le génie de cet homme éloquent et
profond, je ne me crois pas obligé de
suivre aveuglément toutes ses opinions.
Je suis pénétré, comme il l'était, de
l'importance et de la vérité des dogmes
fondamentaux, tels que l'existence de
Dieu, l'immortalité de l'ame, etc. dont
il compose sa profession de foi civile ;
mais lui, qui savait si bien que la foi
ne se commande pas, comment n'a-t-il
pas senti que l'idée d'exiger une profession de foi quelconque, était en contradiction avec ce principe ? Il est vrai qu'il
n'oblige personne à croire, il veut seulement que celui qui ne croira pas les
dogmes dont il s'agit, soit banni de l'état
comme insociable ; cela est fort bien,
mais la même raison pour laquelle cet
homme aura été banni de l'état qu'il
habitait, autorisera les autres états à ne
pas le recevoir ; cette même raison sera
suffisante pour le faire chasser de tous
les pays habités ; ainsi voilà cet homme
réduit à se réfugier dans les déserts au
risque de mourir de faim ou d'être dé-

voré par les bêtes féroces; le voilà privé tout-à-coup et pour toujours, de tous les secours, de toutes les consolations, que son éducation et ses habitudes lui avaient rendues nécessaires, parce qu'il a eu le malheur de s'égarer dans des spéculations métaphysiques. C'est une alternative un peu dure. Je demande maintenant si, proposer à un homme cette alternative de croire ou d'être réduit à la condition la plus affreuse, ce n'est pas proprement l'obliger à croire ou plutôt à mentir; car, et c'est ici que le vice du système de Rousseau se fait encore mieux sentir, parce que l'inutilité de la mesure qu'il propose n'est pas moins évidente que son injustice, on peut parier que, sur mille athées à qui on présentera une alternative semblable, il n'y en aura pas deux qui se refuseront à faire la profession de foi exigée. Quant à l'insociabilité que Rousseau reproche aux athées, il outre un peu selon sa coutume. Il est bien vrai que l'athéisme est d'une tendance dangereuse pour la société; qu'il ôte aux passions, leur frein le plus puissant; à la vertu, son appui le plus solide; à l'ordre social, sa plus forte garantie. Mais enfin, il ne détruit pas tous les motifs qui peuvent porter les hommes à faire le bien et à fuir le mal; il laisse subsister tous ceux qui naissent de l'intérêt personnel bien entendu, du désir de la considération publique, de l'attrait d'une vie douce et tranquille, des dispositions d'un heureux naturel; enfin, il laisse aux lois réprimantes toute leur énergie. Je conviens qu'il pourra se présenter des cas où des motifs purement humains ne suffiront pas à l'athée pour résister à une tentation très-violente; mais il est possible aussi que ces circonstances ne se présentent pas; il est possible, comme l'expérience l'a prouvé, qu'un athée purement spéculatif passe sa vie d'une manière irréprochable, et cette possibilité suffit pour le faire tolérer, car il n'y a que la nécessité de se préserver d'un danger imminent qui puisse dispenser les hommes d'être humains, et c'est une prévoyance barbare et criminelle que celle qui prévient un mal douteux par un mal certain. Au reste Rousseau a pu être conduit à cette manière de penser, par l'idée qu'il s'était faite de l'état de société comme d'un état contre nature, qui ne s'est établi et qui ne subsiste que par des conventions. Mais ceux qui pensent que l'état de société est naturel aux hommes et qu'ils s'y trouvent placés par un concours de causes inhérentes à leur nature, qui ont agi en eux, pour ainsi-dire, à leur insçu, ceux-là, dis-je, doivent admettre, dans les sociétés humaines, un lien moral antérieur à tout pacte et à toute convention, qui unit les hommes entre eux indépendamment de leur volonté, et qui résulte des rapports essentiels sur lesquels sont fondées les obligations réciproques de la société et de ses membres. Mais ce n'est pas ici le lieu de développer cette théorie. Je reviens à mon sujet, et je conclus en me résumant, que la société n'a pas le droit d'assujettir ceux qui vivent dans son sein, à professer le dogme de l'existence de Dieu plus que toute autre opinion religieuse. Elle pourrait tout au plus, attendu la tendance dangereuse de l'athéisme, en interdire la manifestation extérieure comme incompatible avec le maintien de l'ordre public.

C'est ici le lieu d'examiner ce qu'on doit entendre par ordre public ; il est d'autant plus essentiel de nous en faire une idée juste , que notre manière de juger à cet égard est souvent fondée sur nos préventions. Nous sommes portés à voir l'ordre dans tout ce qui favorise nos intérêts ou nos systèmes , et le désordre dans tout ce qui les contrarie. Ce qu'on peut appeller véritablement l'ordre public, c'est l'ensemble des rapports par lesquels la société existe et se maintient, et sans lesquels elle ne peut subsister. Or on peut considérer la société en général, ou chaque société en particulier. Sous le premier point de vue , il y a un ordre public commun à toutes les sociétés possibles , lequel consiste dans l'observation des lois morales qui lient les hommes entre eux en tout état de choses, et qui nous obligent, par exemple, à tenir nos engagemens, à respecter la vie et la propriété d'autrui, etc. Il n'est pas douteux que tout ce qui trouble cet ordre, doit être défendu par-tout où il y a des hommes, et, par conséquent, s'il existait une Religion qui consacrât la trahison, le vol, l'assassinat, tous les gouvernemens seraient également fondés à la proscrire. Mais, outre cet ordre public général, il y en a un particulier pour chaque société, et c'est celui qui résulte de l'observation des lois positives, soit politiques, soit civiles, qui régissent cette société. Il est encore évident que cet ordre doit être respecté, et que la société qu'il conserve, a droit d'empêcher qu'on n'y porte atteinte. Cependant comme cet ordre est arbitraire et conventionnel, et qu'il peut être établi sur des fondemens vicieux, comme dans les états soumis au despotisme, l'obligation de le respecter ne peut être absolue et sans exception. Supposons, par exemple, un Gouvernement despotique, tel que celui du grand Turc ou du grand Mogol. Il est à croire qu'un tel Gouvernement ne verrait pas sans ombrage l'établissement d'une Religion comme celle des Quakers. Les idées d'égalité que cette Religion rappelle à ses sectateurs, les formes familières qu'elle consacre, paroîtraient sans

doute très - contraires à l'ordre établi
dans un Gouvernement despotique. Le
Despote aurait donc un très-grand intérêt à empêcher la propagation et l'exercice du Quakérisme. Mais cette prohibition nécessaire pour la conservation d'un
Gouvernement oppressif et tyrannique,
ne serait, à le bien prendre, qu'une
nouvelle atteinte qu'il porterait aux droits
naturels des hommes ; elle participerait
au vice de l'institution qu'elle aurait pour
objet de maintenir, et, si quelque chose
pouvait la légitimer, ce ne serait pas
l'intérêt des gouvernans, mais celui des
gouvernés, ce serait la considération de
la tranquillité publique que pourraient
troubler sans fruit des idées de liberté
trop étrangères à un peuple abruti par
l'esclavage. Mais cette dernière considération ferait rentrer le cas dont nous
parlons, dans la classe de ceux qui intéressent l'ordre public commun à toutes
les sociétés, parce que, dans toutes les
sociétés, il faut que la tranquillité publique soit maintenue, pour que chacun
soit en sûreté. Il me semble, d'après cela,
que c'est toujours à cet ordre primitif

et essentiel qu'il faut remonter, pour juger sainement de tout ce qui a rapport à l'ordre arbitraire et conventionnel des sociétés particulières.

Après avoir défini l'ordre public, il reste encore à expliquer en quel sens on peut dire qu'une Religion, qu'un culte trouble cet ordre. Il y a, dans toutes les Religions, des esprits turbulens, des têtes exaltées, qu'un faux zèle porte à commettre des actions très-repréhensibles, et quelquefois même, des crimes atroces. Tout sentiment religieux contient un germe de fanatisme, et on sait de quels excès le fanatisme est capable, lorsqu'il est excité et dirigé par d'habiles hypocrites. Si donc on voulait juger de toutes les Religions par l'abus qu'on en peut faire, il n'y en aurait point qu'on ne pût regarder comme très-dangereuse, et qu'on ne se crût, par cette raison, autorisé à proscrire. Mais avec cette manière de raisonner, on proscrirait également toutes les affections, tous les sentimens les plus louables du cœur humain : car il n'y a point de sentiment vertueux qui ne puisse conduire à des crimes, lorsqu'il est poussé à l'excès et qu'il cesse d'être dirigé par la raison. Il ne faut donc pas confondre la chose avec l'abus, et, si les dogmes d'une Religion, les rites qu'elle prescrit, sont innocens en eux-mêmes et dans leurs conséquences directes et nécessaires, on ne doit pas la rendre responsable des conséquences fausses et éloignées que de mauvais esprits peuvent en tirer accidentellement. Dans les commencemens de la Réformation, les Protestans pillaient les églises des Catholiques, profanaient les vases sacrés, insultaient, maltraitaient, assassinaient les Prêtres et les Moines, violaient les Religieuses, etc. Les Écrivains Catholiques de ce tems-là le leur ont reproché avec raison, mais ils partaient de ces faits vraiment condamnables, pour rendre la Religion protestante odieuse en elle-même, et pour engager les Gouvernemens à la proscrire comme un système de brigandage et de crimes, et en cela ils avaient tort; car dans ce tems-là même, beaucoup de Protestans raisonnables ne participaient point à ces infamies, et depuis l'établissement du Protestantisme, une longue expérience a achevé de prouver que les sectateurs de cette Religion pouvaient très-bien l'exercer sans commettre aucune violence envers les Catholiques, et sans troubler l'ordre public d'aucune manière. Or, c'est à ce point que tout se réduit, et la seule question dont un Gouvernement ait à s'occuper par rapport à une Religion, est celle-ci : est-il possible que ses sectateurs l'exercent paisiblement et sans troubler l'ordre public? Si la réponse est affirmative, il n'y a plus de raison d'en proscrire l'exercice, et il ne reste au Gouvernement que le droit de réprimer les écarts dont cet exercice peut être l'occasion ou le prétexte, et de rappeller, par une police exacte et sévère, les esprits mal-disposés, à l'observation des lois qu'ils voudraient enfreindre.

Je conclus de ces réflexions qu'il ne faut persécuter personne, que toute persécution religieuse est une violation manifeste des droits naturels des hommes, non moins condamnable en morale que vicieuse en politique, et par persécution,

je n'entends pas seulement ces actes de
cruauté ou d'une rigueur excessive qui
ont rendu les tribunaux d'inquisition si
justement odieux ; j'entends encore toute
vexation sourde, toute manœuvre se-
crette tendant à gêner, à dégoûter, à
décourager ceux qu'on n'ose contrarier
ouvertement ; j'entends enfin toute application directe ou indirecte du fameux
principe : *compelle intrare.*

On a reproché souvent aux Dévôts
cette manie du Prosélytisme qui n'est
au fonds qu'un esprit de domination dé-
guisé sous les apparences du zèle. A
Dieu ne plaise qu'on soit jamais fondé
à faire le même reproche aux Philosophes ! ceux-ci seraient doublement condamnables. Ils violeraient leurs propres
principes, et ils n'auraient pas les mêmes excuses que leurs adversaires, car
l'intérêt du perfectionnement de la raison
humaine, ne peut être un motif légitime de choquer cette même raison dans
un de ses premiers préceptes, qui est
la tolérance mutuelle que tous les hommes se doivent, et de plus on se per-
suadera toujours difficilement que ce seul

intérêt , dégagé de toute ambition , de
toute prétention personnelle , de toute
jalousie de pouvoir , de tout sentiment
de rivalité , puisse produire des passions
aussi actives , et sur-tout un enthou-
siasme d'aussi bonne foi, que le simple
Fanatisme religieux. J'honnore fort la
Philosophie, et je m'enrollerai volontiers
sous ses drapeaux lorsqu'elle fera une
guerre défensive, et que prenant en
main la cause de l'humanité opprimée
et avilie, elle résistera avec courage aux
usurpations toujours renaissantes de l'injustice et de l'erreur. Mais lorsqu'à son
tour elle deviendra une puissance, et
qu'à l'exemple de toutes les puissances
elle voudra dominer et conquérir, lorsqu'elle dira , *sois Philosophe* , comme
on disait auparavant , *sois Chrétien* ,
sois Catholique , alors , je l'avoue, je
sentirai au-dedans de moi un mouve-
ment secret d'impatience qui me fera
repousser, de toutes les forces de mon
ame, cette nouvelle tyrannie exercée
au nom de la raison. Je ne veux de
tyrannie d'aucune espèce, et celle-là
me répugne plus qu'une autre , parce

qu'elle est plus inconséquente. Quoi de plus inconséquent en effet que de tourmenter les hommes pour les convertir à l'incrédulité, après avoir tant blâmé, dans les Dévôts, le systême des conversions forcées ? Les Dévots du moins pouvaient offrir de grands dédommagemens à leurs victimes; ils les faisoient souffrir sur la terre pour les rendre heureuses dans le ciel. Mais vous, comment dédommagerez-vous les vôtres du mal que vous leur aurez fait dans cette courte vie, après laquelle vous ne leur en promettez point d'autre? Comment vous justifierez-vous à vous-mêmes, cette cruauté d'affliger des milliers d'Êtres sensibles, d'empoisonner leur passagère existence, en voulant extirper violemment des préjugés qui leur sont chers, et qui se sont identifiés avec toutes les habitudes de leur ame? — Les générations futures en vaudront mieux. — Soit, les générations futures. Mais la génération actuelle? .... C'est celle-là d'abord dont il s'agit pour nous, puisque c'est celle-là qui nous touche de plus près. N'intervertissons

pas

pas l'ordre de nos relations et des de-
voirs qui en dérivent (*). N'imitons
pas ce Colon qui battait son Nègre par
excès d'humanité. Ce malheureux, (c'est
le Nègre que je veux dire) venait de ren-
verser une bouteille d'encre sur un ma-
nuscrit très-éloquent que son maître avait
composé contre l'esclavage des Noirs. Le
maître était furieux de cette perte irré-
parable qui compromettait le sort d'une
partie de l'espèce humaine, et il s'en
vengeait à grands coups de canne sur
les épaules de son pauvre esclave. *Hélas !*

––––––––––––––––––––––––––––––––

(*) *Tel Philosophe*, dit Rousseau, *aime les
Tartares pour se dispenser d'aimer ses voisins.*
C'est sans doute une exagération ; mais il y a
dans cette exagération, un fonds de vérité. On
ne peut se dissimuler que les Philosophes se
laissent entraîner trop facilement par le charme
des idées générales, et que, dans leurs subli-
mes spéculations, ils se mettent un peu trop
volontiers à la place de la nature qui néglige,
dit-on, les individus, et ne soigne que les
espèces.

mon *cher oncle*, disait à ce fougueux
Philantrope , une nièce très - sensée,
*commencez par rendre votre Nègre
heureux, et vous vous occuperez en-
suite, du bonheur de la Nigritie,*

www.ingramcontent.com/pod-product-compliance
Lightning Source LLC
Chambersburg PA
CBHW072018290326
41934CB00009BA/2118